AF253871

27
L n. 20427.

# ÉLOGE HISTORIQUE

## DE

# Mr Jn-Bte VIGNE,

## PRÊTRE;

VICAIRE-GÉNÉRAL DES DIOCÈSES D'AIX, D'ARLES ET D'EMBRUN;

CAMÉRIER PARTICULIER DE S. S. PIE VII;

ANCIEN ARCHIDIACRE DE L'ÉGLISE CATHÉDRALE DE SAINTE-MARIE-MAJEURE, A MARSEILLE; ANCIEN CURÉ DE L'ÉGLISE MAJEURE SOUS LE TITRE DE NOTRE-DAME A TOULON, ET PROVICAIRE-GÉNÉRAL DE L'ARRONDISSEMENT DE CETTE DERNIÈRE VILLE;

## PAR

# Mr DE LA BOULIE,

CHEVALIER DE L'ORDRE ROYAL DE LA LÉGION D'HONNEUR, VICE-PRÉSIDENT DU TRIBUNAL CIVIL DE MARSEILLE.

Vinea mea electa ego te plantavi.

JÉRÉMIE.

## MARSEILLE.

IMPRIMERIE D'ACHARD, RUE SAINT-FERRÉOL, N° 64.

### 1825.

# AVANT-PROPOS.

C'est sous la forme modeste d'une simple Notice nécrologique, à insérer dans le Journal du département, et dans celui portant le beau titre d'Ami de la religion et du roi, que devait paraître, peu de jours après la mort de M. Vigne, l'opuscule que nous présentons aujourd'hui, non au public, pour lequel nous n'avons pas la prétention d'écrire, mais à quelques amis de la personne qui en est le sujet.

A-peine avions-nous formé notre premier *croquis*, que nous reconnûmes l'impossibilité de renfermer, dans les bornes très-étroites d'un article de journal, les circonstances les plus intéressantes de la vie de notre honorable ami, et surtout celles qui viennent se rattacher aux deux époques du dix-neuvième siècle les plus mémorables pour la France, le rétablissement de l'exercice public de la religion, et du trône de Saint-Louis, dont M. Vigne a servi la cause avec tant de zèle et de dévouement.

Un plan plus vaste nous parut nécessaire, et fut par nous adopté. Mais pour ne rien livrer au hasard, et pour ne rapporter que des faits, dont nous pussions au besoin prouver l'authenticité, nous avons cherché les élémens de notre narration, soit dans des écrits que les parens de M. Vigne ont bien voulu nous procurer, soit dans les témoignages des personnes les plus dignes de foi.

Nous avons employé un certain tems à recueillir ces divers renseignemens, à les ranger dans l'ordre qui leur convient; et le service dont nous sommes chargé nous laisse peu de momens disponibles.

Les égards que nous devons au prêtre respectable, à la mémoire duquel cet ouvrage est consacré, l'exactitude et la sévère impartialité qui ont présidé à notre travail, ainsi que l'on pourra aisément le reconnaître, nous ont aussi imposé l'obligation d'en différer la publication, afin de laisser s'évanouir totalement certaines circonstances, sous la funeste influence desquelles, quelques esprits faux ou méchans auraient pu nous supposer une arrière pensée, certainement bien éloignée de notre esprit, et considérer notre ouvrage comme le manifeste d'un parti.

Nous le déclarons ici franchement, en écrivant la relation de la vie de M. Vigne, nous n'avons eu d'autre motif que le désir et la satisfaction de répandre quelques fleurs sur le tombeau d'un prêtre, que la religion et la monarchie doivent placer dans le rang de leurs meilleurs serviteurs, et d'acquitter le tribut de reconnaissance dont nous sommes personnellement redevable à M. Vigne, pour l'estime dont il a daigné nous honorer.

C'est le denier de la veuve.

Il est offert avec le même empressement, avec une intention aussi pure, puisse-t-il être aussi favorablement accueilli.

# ÉLOGE HISTORIQUE

## DE

# Mr L'ABBÉ VIGNE.

L'esprit-saint a daigné nous tracer, par la main du grand apôtre, les qualités qui distinguent les véritables ministres des saints autels, *les prêtres selon le cœur de Dieu.*

Ils doivent être *doux et patiens dans les tribulations; vigilans et instruits de la science du salut; pleins de douceur et de longanimité; animés de la véritable charité; fidèles aux inspirations de l'esprit-saint et forts de la parole de Dieu* (1).

Et c'est à ces traits que l'on reconnaîtra sans

---

(1) In omnibus exhibeamus nosmetipsos sicut Dei ministros, in multâ patientiâ, in tribulationibus..... In vigiliis..... In scientiâ, in longanimitate, in suavitate, in Spiritu Sancto, in charitate non fictâ, in verbo veritatis, in virtute Dei. (*Seconde épître de Saint-Paul aux Corinthiens, ch. 6., vers. 4, 5, 6 et 7.*)

peine celui dont la mort a privé, il y a quelques mois, les diocèses d'Aix et d'Arles, et profondément affligé l'ame si noble et si aimante du respectable prélat, auquel la Providence a daigné confier l'administration de ces diocèses, et le choix des hommes apostoliques, qui doivent, avec lui et à son exemple, faire fructifier cette partie de l'héritage du Seigneur.

Monsieur Jean-Baptiste VIGNE naquit, en l'année 1754, au Lauzet, village du département des Basses-Alpes, dans le diocèse d'Embrun ; issu d'une famille vivant bourgeoisement, et qui jouissait, parmi ses concitoyens, d'une considération bien méritée (1).

Dieu, qui le destinait à devenir, un jour, un des ornemens de son sanctuaire, lui inspira, dès sa première jeunesse, le goût et le choix de la profession ecclésiastique (2).

Il en portait le costume et en possédait l'esprit, lorsqu'à-peine âgé de dix-neuf ans, il arriva à Marseille, pour entrer, comme ecclésiastique du bas-chœur, au service de l'église cathédrale de cette ville.

---

(1) Il conste par l'acte de baptême de M. Vigne, qu'à l'époque de sa naissance, son père était consul de sa commune.

(2) De utero matris meæ vocavit me Dominus.

Promu aux ordres sacrés, dès qu'il eut atteint l'âge nécessaire pour y être admis, et bientôt après muni des pouvoirs de l'évêque diocésain, M. Vigne se consacra tout entier aux devoirs du saint ministère, et à l'éducation de jeunes personnes appartenant aux familles les plus recommandables de la cité (1).

Quoique les églises fussent alors pourvues d'un grand nombre de prédicateurs, parmi lesquels on en distinguait plusieurs d'un rare mérite, M. Vigne obtint et remplit, de manière à se faire remarquer, les stations de l'avent et du carême, soit dans les différentes paroisses de Marseille, soit même dans l'église cathédrale de la Major, en présence de M. de Belloy, auquel le diocèse de Marseille était alors confié.

Ce saint prélat ne tarda pas à distinguer les talens, et les excellentes qualités de son sujet d'adoption.

Il l'admit dans son intérieur, et lui annonça le projet qu'il avait de le nommer à la cure de la Major, alors vacante par le décès du titulaire (2).

---

(1) Nous pouvons citer entr'autres M^{lle} de Borely, aujourd'hui épouse de M. le marquis de Demaudolx.

(2) C'est de la bouche de M. Vigne lui-même que nous avons appris ces détails, personne ne contestera, au moins le croyons-nous ainsi, la véracité et l'extrême modestie de ce prêtre.

Ce choix également honorable pour le prélat duquel il émanait, et pour le jeune prêtre qui en était l'objet, paraissait formellement arrêté dans la pensée et dans le conseil de M. de Belloy, lorsqu'une de ces petites intrigues, auxquelles les plus belles ames se laissent si aisément entraîner, fit surgir un concurrent, si non plus habile, au moins plus heureux.

Forcé de renoncer à son projet, M. de Belloy eut l'extrême bonté d'en témoigner ses regrets à M. Vigne, dans les termes les plus obligeans.

M. Vigne put donc se dire à lui-même : *je n'ai rien perdu.*

En effet, il n'avait rien demandé ;

Et il avait acquis la preuve qu'il avait su mériter l'estime de ses supérieurs.

La philosophie chrétienne voit, d'ailleurs, d'un œil presque indifférent, les biens et les maux de ce monde.

Dans les principes qui la dirigent, les uns et les autres ne sont rien, mis dans la balance avec les biens et les maux de l'éternité (1) ;

Et lorsque l'on sait se soumettre à ses décrets, la Providence ne fournit-elle pas, même en ce

---

(1) Christianorum est pati mala temporalia et sperare bona sempiterna. (*Saint-Augustin, sermon* 106ᵉ.)

monde, à ceux qu'elle paraît affliger, de puissans dédommagemens (1)?

M. Vigne fut bientôt à même de l'éprouver.

Une personne, qu'il ne connaissait pas, et avec laquelle il n'avait eu jusque là aucun rapport, instruite de l'espèce d'injustice dont notre honorable ami venait d'être la victime, lui fit offrir, peu de jours après, la collation, à titre gratuit, d'un indult dont elle était propriétaire, et qui donnait droit au premier bénéfice vacant.

Cette collation porta son effet en faveur de M. Vigne, sur l'archidiaconat du chapitre de la Major, à Marseille, que le décès, sans résignation, de M. l'abbé de Pont-le-roi venait de rendre vacant.

Le même esprit d'intrigue, qui avait éloigné M. Vigne de la cure de la Major, se manifesta, et à plus forte raison, lorsqu'on le vit, nous ne dirons pas seulement prétendre à un bénéfice plus important, mais le réclamer par droit de propriété.

On n'avait aucun reproche à faire à sa conduite; on rendait justice à son mérite et à ses talens ; on reconnaissait, en lui, ce ton d'aménité et de politesse qui est le signe et le résultat, presque certain, d'une éducation soignée.

***

(1) Mecum sunt divitiæ... Ut ditem diligentes me. (*Proverbes,* chapitre 8e.)

Mais l'amour-propre de certaines personnes, trop influentes dans le conseil du chapitre de la Major, ne pouvait consentir à laisser passer une des premières dignités de cette église, sur la tête d'un prêtre, qui n'y était entré que par la porte du *bas chœur* (1).

Le chapitre de la Major rivalisait alors, à Marseille, avec celui de St.-Victor, qualifié chapitre noble (2).

« Le premier né de l'amour-propre est l'orgueil, « c'est contre lui que la raison et la morale doivent « réunir leurs attaques; mais il faut le faire mourir « sans le blesser, car si on le blesse il ne meurt « pas (3). »

La collation de M. Vigne éprouva donc une opposition très-prononcée de la part de ses futurs confrères.

Il fallut recourir à l'autorité souveraine.

M. Vigne ne l'invoqua point en vain.

Sa demande, portée au conseil du Roi, y fut favorablement accueillie, au rapport de M. le marquis de Pastoret, alors maître des requêtes, et aujourd'hui vice-président de la chambre des pairs.

---

(1) Extollentiam oculorum ne dederis mihi Domine. (*Ecclesiastique, chap.* 23, *verset* 5.)

(2) Insignis monumentis et nobilitate.

(3) Esprit de Rivarol, Morale, édition de 1808, pag. 62.

Ce premier triomphe fut presque immédiatement suivi d'un autre, bien plus satisfaisant pour notre honorable ami.

A son retour à Marseille, pour prendre possession de son bénéfice, il y fut accueilli avec distinction, nous pouvons même dire avec empressement, par ceux-là même qui avaient montré le plus d'acharnement dans la contestation que l'arrêt du conseil avait terminée.

M. Vigne commençait à peine à jouir de quelque repos, lorsque la révolution, *véritable fosse aux lions* (1) qui devait tout dévorer, tout engloutir, se manifesta en France.

Les premières atteintes, portées aux droits et aux biens du clergé, dépouillèrent M. Vigne de son bénéfice, et le chassèrent, pour ainsi dire, de la maison qu'il occupait.

Lévite fidèle, il n'abandonna pas l'arche du Seigneur, et il sut résister aux propositions perfides auxquelles quelques prêtres de la même église, qui depuis ont si généreusement abjuré leur erreur, se laissèrent alors entraîner.

Accoutumé aux privations, son courage ne se laissa point abattre.

Il ne regrettait point son bénéfice, et les divers

---

(1) M. de Chateaubriand, Eloge de Mgr. le duc de Berry.

avantages qui y étaient attachés (1); il pleurait sur les maux de l'église, qu'il voyait en butte aux plus violentes persécutions.

D'abord, il fut chercher un asile dans son pays natal, et dans les forêts qui l'entourent, où il exerça, pendant quelque tems, le métier de bucheron.

Poursuivi jusque dans cette retraite, M. Vigne se réfugia dans le Dauphiné; il séjourna quelques mois en Suisse, avec la respectable famille de M. de Borely, avec laquelle il était lié de la plus étroite amitié; il revint enfin à Marseille en 1795, après le 9 thermidor, pour se consacrer aux fonctions du saint ministère, jusque dans les plus chétifs réduits.

Dans les intervalles lucides, que l'état de crise sous lequel gémissait alors la France, laissa percer, M. Vigne fit l'ouverture de l'église de la Major, il y célébra les saints mystères, avec toute la pompe qui accompagne ordinairement les cérémonies religieuses.

Les églises de Marseille avaient été dépouillées de tous leurs ornemens; les objets les plus précieux de leur mobilier, d'abord transportés dans les magasins du directoire du district, lors de la spolia-

___

(1) In momento cuncta ista prætereunt, et sæpè honor sæculi abiit antequam venerit. (*Saint-Ambroise*, *in Luc.*)

tion des temples, avaient ensuite, et en 1794, été donnés en payement des chargemens de blé importés par les Génois.

M. Vigne conçut le pieux dessein de racheter ces ornemens, non seulement pour l'église de la Major, confiée à sa direction, mais encore pour les diverses églises de la cité.

Il fit, personnellement, et obtint de ses plus intimes amis, des sacrifices pécuniaires (1).

Des ornemens rachetés par les soins de M. Vigne arrivèrent en très-peu de tems à Marseille, ils furent tirés au sort; il en est plusieurs, entr'autres un dais en velour à l'usage de l'église de la Major, qui servent à la décoration et au service de plusieurs paroisses de Marseille.

Le concordat de 1801 rétablit enfin l'exercice public de la religion catholique en France.

M. de Cicé, ancien archevêque de Bordeaux, fut nommé à l'archevêché d'Aix.

La circonscription de ce diocèse embrassait les départemens des Bouches-du-Rhône et du Var, c'est-à-dire plus des deux tiers de la population de la Provence.

---

(1) Parmi les dons qui furent alors offerts à M. Vigne, on distingua celui de M. de Borely, père de M^{me} la comtesse de Panisse, dont la bourse était constamment, et malgré les malheurs des tems, ouverte à la réparation de toutes les infortunes.

Parmi les grandes qualités que M. de Cicé a manifesté durant tout le cours de son administration, et qui ont rendu sa mémoire vénérable à ses diocésains, cet illustre évêque avait, surtout, le rare talent de savoir apprécier le vrai mérite, de l'attirer à lui, de l'encourager et de mettre chacun à la place qu'il était mieux à même de remplir et d'occuper.

Ne soyons donc plus étonnés de l'accueil distingué que M. Vigne reçut de lui.

Notre estimable ami fut d'abord, et provisoirement, nommé recteur de la paroisse du Mont-Carmel, à Marseille.

Nous disons provisoirement, et en effet, M. de Cicé avait trop de pénétration et de jugement pour ne pas sentir, que, quoiqu'elle ait été constamment occupée, depuis le rétablissement du culte à Marseille, par des prêtres d'un rare mérite, cette place était fort au-dessous des secours que M. Vigne pouvait et devait procurer au grand-œuvre, à la confection duquel, les prêtres de la France étaient alors appelés.

Aussi, peu de mois après, M. Vigne fut-il désigné pour aller, avec un autre prêtre, *rétablir la religion à Toulon, d'où elle avait été comme exilée* (1).

_______________

(1) Journal de la religion et du roi, du mercredi 22 février 1817.

On appréciera, du premier coup d'œil, tout ce que cette mission offrait de peines et de dangers, si l'on examine les divers élémens de la population de Toulon, à cette époque.

Elle se composait de fonctionnaires publics, civils et militaires, qui, imbus des principes du tems, les uns ne croyaient pas en Dieu, les autres vivaient comme s'ils n'y croyaient pas (1).

Et pour nous servir des expressions mêmes d'un historien moderne, observateur très-judicieux autant qu'élégant écrivain (2). « Un scepticisme ingénieux « chez les uns, insouciant et grossier chez les « autres, de terrestres passions, des besoins impé- « rieux *avaient* détourné l'ame des hommes de ce « Ciel, d'où elle vient et où elle doit retourner. »

Cette population se composait encore des sectateurs de l'affreux régime de la terreur (3), gorgés des fruits de leurs rapines, et qui, de tous les points de la France, étaient venus à Toulon former une colonie, qu'ils exploitaient exclusivement à leur profit, et l'on sait par quels moyens.

---

(1) Allez, allez, disait à M. Vigne, un des généraux qui commandaient alors à Toulon, les canons du premier consul valent bien ceux de l'église.

(2) Histoire de la grande armée pendant l'année 1812, par M. le général comte de Ségur, liv. 4, chap 2, tom. 1, pag. 148.

(3) Qui lætantur in pessimis. (*Livre des Machabées.*)

Enfin des malheureuses victimes de ces dilapidations, qui, deux fois chassées du toit paternel et de la terre natale, pleuraient et gémissaient sur les débris de leur fortune, sur les ruines de leur patrimoine et sous le poids de leur misère, en présence et sous la domination tyrannique de leurs spoliateurs.

C'est dans ce lieu, sur lequel le bras du Tout-Puissant s'était si fortement appuyé;

C'est dans cette ville *encore consternée par les plus affreux souvenirs* (1);

C'est vers ce peuple instrument et victime de la colère céleste, que M. Vigne fut envoyé, comme ambassadeur de la puissance et de la miséricorde divines (2);

Pour apprendre, à ceux qui fesaient profession, pour ainsi dire publique, d'athéisme et d'irréligion, qu'il existe un maître suprême, qui tient dans ses mains tout ce qui est, et auprès duquel le crime ne reste jamais impuni, même en ce monde (3);

Pour ramener dans le bercail la brebis seulement égarée, et faire renaître l'amour et la science des

---

(1) Mémoires pour servir à l'histoire de France, pendant le gouvernement de Bonaparte, tom. 2.

(2) Pro Christo legatione fungimur. (2ᵉ *Epître de St.-Paul aux Corinthiens, chap.* 5, *verset* 20.)

(3) Sic dices filiis Israël qui est misit me ad vos. (*Exode, chap.* 3, *verset* 14.)

choses saintes, dans le cœur des indifférens (1);

Pour dire à ceux-ci, que : « La philosophie
« manque à la fois de tendresse avec l'infortuné
« et de magnificence avec les pauvres : chez elle les
« misères de la vie ne sont que des maux sans
« remèdes et la mort est le néant ; mais la reli-
« gion échange ces misères contre des félicités
« sans fin, et, avec elle, le soir de la vie touche à
« l'aurore d'un jour éternel (2); »

*Pour créer des hospices pour les ames infir-
mes et les cœurs blessés* (3); pour faire connaître
aux victimes de la révolution, que Dieu n'aban-
donne jamais celui qui souffre, qu'il protége et
console toujours l'affligé qui revient sincèrement
à lui (4);

Que la plus haute sagesse préside constamment
aux conseils de Dieu (5);

Enfin, pour prêcher, aux uns et aux autres,

---

(1) Si non crediderint tibi, neque audierint sermonem signi
prioris, credent verbo signi sequentis. (*Exode, chap.* 4, *vers.* 8.)

(2) Esprit de Rivarol, Religion, p. 58.

(3) Essai sur l'indifférence en matière de religion, par M. l'abbé
de la Mennais, chap. 1, tom. 1, pag. 41.

(4) Scitote quia nullus speravit in Domino, et confusus est.
(*Eccl. chap.* 2, *vers.* 11.)

(5) Non potest religio à sapientiâ separari nec sapientia à reli-
gione secerni. (*Lactance. Divin. institu., liv.* 4, *chap.* 4, § 1.)

cette morale *si parfaite et cependant si sim-ple*(1), qui, ainsi que l'a très-bien dit un orateur distingué (2), « fait descendre la charité dans la « cabane du pauvre, la paix dans le cœur pénitent, « et l'espérance sur le lit du mourant ; place des « consolations à côté de chaque infortune ; donne « aux privations les plus riches indemnités, aux « pleurs des joies ineffables, à la souffrance des « douceurs, à la mort elle-même des arrhes d'im-« mortalité, et fait monter la bénédiction jusques « sur les échafauds (3).

« Morale cependant toute pleine des arrêts sé-« vères de la justice de Dieu, qui entre, avec « empire, dans les palais comme dans les chau-« mières, et pèse également sur la tête des grands, « comme sur celles du plus humble de leurs sujets.»

M. Vigne se consacra, tout entier, à cet apostolat ; il s'y livra sans relâche, privé qu'il fut, bientôt après son arrivée à Toulon, du collaborateur qui lui avait été donné.

---

(1) Simplicem et absolutam. (*Ammien Marcell. Hist. liv.* 21, *chap.* 15.)

(2) M. Guillon. Bibliothèque choisie des pères de l'église. Discours préliminaire, tom. 1, pag 21.

(3) Pendant le cours de sa mission à Toulon, M. Vigne a assisté jusques à ses derniers momens le fils de l'une de ses meilleures amies, condamné à la peine capitale par une commission militaire en 1812.

Ses premiers soins se dirigèrent, comme de raison, au rétablissement intérieur des églises.

Celles de Toulon, qui avaient survécu aux fureurs du vandalisme, et qui, depuis la cessation absolue du culte public, servaient de magasins militaires, n'étaient plus que de grands vaisseaux, dépouillés de toute espèce d'ornemens, et dans lesquels on avait beaucoup de peine à se mettre à l'abri des injures du tems (1).

Les vases sacrés, les ornemens et tout le linge avaient été dilapidés.

En un mot, il fallait tout recréer, tout renouveler.

M. Vigne y parvint en peu de tems, par une sorte de miracle (2), tant était forte la somme qu'il fallait débourser (3).

Nous disons par une sorte de miracle;

Et en effet, quelles étaient les ressources de M. Vigne?

Sa fortune personnelle?

Elle se réduisait à très-peu de choses, presque

---

(1) Un des prêtres les plus respectables de la ville de Toulon nous a assuré que, la première fois qu'il fit le prône dans l'église de Notre-Dame, les auditeurs avaient ouvert leurs parapluies pour se mettre à couvert de l'écoulement intérieur du toit.

(2) Fides christianorum fides impossibilium. (*Tertullien.*)

(3) Cette somme s'est élevée pour la seule église de Notre-Dame à plus de 120,000 fr.

aux appointemens que le gouvernement alloue aux curés des paroisses, et l'on sait qu'ils n'enrichissent personne, d'ailleurs le superflu de ces revenus est le patrimoine des pauvres, et le droit de ceux-ci est aussi certain que préférable.

Les revenus des fabriques ?

Le décret du 30 décembre 1809 assujettit la comptabilité des fabriques à tant de formalités, à une économie si sévère, qu'à-peine les recettes peuvent couvrir les dépenses de première et d'absolue nécessité.

Il ne fallait donc point compter sur les moyens humains; Dieu seul, par un effet de cette providence admirable, qui veille toujours sur les besoins, même temporels de son église (1), pouvait inspirer, à son ministre, l'idée, le courage et la persévérance nécessaires, pour obtenir de la charité de ses paroissiens, quelle que fût leur croyance, les secours dont il avait besoin, seul il pouvait en assurer les résultats (2).

---

(1) Ecce vobiscum sum omnibus diebus usquè ad consummationem sæculi. (*St.-Mathieu, chap.* 28 , *verset* 20.)

(2) Nous tenons de M. Vigne lui-même les détails suivans.

Dans une tournée qu'il fesait dans le département du Var dont il était Préfet, M. le chevalier d'Azémar qui professait la religion protestante, vint à Toulon et rendit visite à M. Vigne : surpris des réparations considérables que celui-ci avait faites dans son église, il lui demanda par quels moyens il avait pu y parvenir ; *je vais, Monsieur, vous les faire connaître, à l'instant, ré-*

L'édifice matériel ainsi reconstruit et rendu digne de son objet, il fallait aussi s'occuper de l'édifice spirituel, et, comme pour le précédent, il fallait partir des fondemens.

M. Vigne sentit toute l'importance et l'étendue de ce travail, il ne négligea rien pour en assurer le succès (1).

Prédications, prières publiques, administration des sacremens, associations et établissemens religieux, éducation de la jeunesse par les frères de la congrégation des écoles chrétiennes; en un mot, tous les canaux conducteurs de la grâce divine

---

pondit aussitôt ce saint prêtre, et sortant de sa poche une petite soucoupe en argent, qu'il y tenait constamment renfermée, *pour les réparations de l'église, dit-il : ah! c'est trop juste*, réplique M. d'Azémar, en mettant dans la soucoupe plusieurs pièces d'or.

Dans une autre circonstance, M. Vigne désirait faire placer un orgue dans son église; cet instrument était déjà commandé, il devait coûter près de 20,000 fr. et il s'en fallait de beaucoup que M. Vigne eût à sa disposition une pareille somme. Il monte en chaire un jour de dimanche après l'office divin, il expose ses besoins à ses paroissiens; « vous ne souffrirez pas sans doute, leur « dit-il, que votre curé aille en prison faute de pouvoir payer ses « dettes. » Une femme se lève aussitôt, et avec le plus grand attendrissement: *M. le curé*, dit-elle, *j'ai deux maisons, et j'en donne une bien volontiers pour les besoins de l'église;* ce don ne fut pas accepté, mais il y fut suppléé par une quête qui produisit une somme importante.

(1) M. Vigne dormait quatre à cinq heures au plus par jour.

3

furent par lui ouverts et constamment avivés (1),
de manière à ce que la position religieuse de la
ville de Toulon changea entièrement de face.

C'est par les soins et les sollicitations de notre
honorable ami, que la mission, qui, en 1820 et
sous la direction de M. l'abbé de Forbin Janson,
aujourd'hui évêque de Nancy (2), eut tant de succès à Marseille, étendit également ses bienfaits à
Toulon, dirigée par M. de Rosan, supérieur général des missionnaires de France.

M. Vigne savait, aussi, que le soulagement des
pauvres est un des devoirs les plus importans du
ministère des saints autels.

C'est surtout pour un curé de paroisse, *que les
devoirs de l'humanité* ( et à plus forte raison ceux
de la charité chrétienne ), *ne sont pas remplis,
s'il se borne à jeter, au malheureux, un mor-
ceau de pain. Un être sensible et intelligent,
ne vit pas seulement de pain, et les plus doulou-*

---

(1) Corde magno et animo volenti. (*Liv. des Machabées.*)

(2) Nous nous estimons heureux de pouvoir, au nom de la ville
de Marseille, acquitter, envers M. l'évêque de Nancy, et ses dignes
collaborateurs, le tribut de reconnaissance dont notre patrie adop-
tive lui est redevable ; le souvenir du zèle et de la charité de ces
saints missionnaires sera transmis à nos derniers neveux, par
une sorte de tradition de famille, autant que par les monumens
et les établissemens religieux et charitables qui attestent et
propagent ce bienfait.

*reuses angoisses ne sont pas toujours les an-*
*goisses physiques* (1).

Si le simple fidèle satisfait au précepte de l'aumône en donnant aux pauvres le superflu de ses
revenus, il faut quelque chose de plus de la part
d'un prêtre (2).

L'obligation de donner va pour lui au-delà du
superflu ; il doit non seulement lui-même faire
l'aumône, mais l'exciter dans le cœur des fidèles,
comme un des plus grands moyens de salut (3).

Cependant, combien de ménagemens ne faut-il
pas prendre pour exciter l'élan de la charité, et
ne pas en rendre les dons trop onéreux pour celui
qui les fait, ou dérisoires pour celui en faveur duquel on les sollicite.

Quel discernement ne doit-on pas employer,
pour ne pas être la dupe d'une indigence hypo-
crite, que la paresse, et souvent les vices les plus
honteux ont fait naître et entretiennent, aux dé-
pens du véritable pauvre ;

Pour ne jamais choquer l'amour-propre de celui
qui, victime des caprices de la fortune, est tombé,

---

(1) Essai sur l'indifférence en matière de religion, par M. l'abbé
de la Mennais. A la page ci-dessus citée.

(2) Declina pauperi sine tristitiâ aurem tuam. (*Eccl. chap.* 4,
*verset* 8.)

(3) Charitas operit multitudinem peccatorum. (*Première épître
de St.-Pierre. Chap.* 4, *verset* 8.)

des premiers rangs de la société, dans l'abyme de l'indigence;

Enfin, pour multiplier les moyens, et les proportionner à tous les genres de besoin.

C'est en s'associant aux établissemens charitables, déjà formés à Toulon (1); en créant ceux que la révolution avait détruits; en facilitant le travail de la classe indigente, par une sage distribution de secours à domicile; en procurant aux malades, soit des hôpitaux, soit de la ville, les soins et les consolations que la religion seule peut rendre efficaces; c'est, disons-nous, par ces divers moyens, que M. Vigne a satisfait pleinement à tout ce que la charité chrétienne exigeait de lui.

Soit comme récompense, en ce monde, de ces divers travaux, soit pour donner à la religion, par l'appareil d'une grande cérémonie, plus d'éclat et plus d'influence, Dieu suscita, pendant le séjour de M. Vigne à Toulon, deux événemens vraiment remarquables, et à raison desquels, surtout pour le dernier, M. Vigne fut à même de manifester sa profonde piété et le plus entier dévouement à l'auguste famille de nos Rois.

---

(1) Jusqu'en 1819, M. Vigne a été membre de la commission des hospices de Toulon, les regrets que cette commission lui a exprimé, dans la lettre qu'elle lui a écrite à cette époque, sont un des plus beaux titres de la succession de notre honorable ami.

Deux ans étaient écoulés depuis que le pape Pie vi avait succombé, à Valence, victime de l'anarchie révolutionnaire et de l'intolérance philosophique.

Ses restes avaient été transportés à Toulon, probablement dans le dessein de les faire parvenir à Rome, sur un vaisseau de l'état.

Ce projet, dont l'initiative était due au chef du gouvernement consulaire, resta sans exécution jusqu'en 1803, époque à laquelle le consul de Sa Sainteté, à Marseille, réclama ce précieux dépôt.

M. Vigne fut désigné par M. l'archevêque d'Aix pour l'accompagner de Toulon à Marseille, et pour rendre et faire rendre par le clergé et les fidèles, aux dépouilles mortelles de ce noble martyr de la foi, les honneurs dus à ses éminentes vertus, et au rang qu'il occupait dans l'église.

L'ordre de M. l'archevêque d'Aix fut exécuté ponctuellement, et M. Vigne remit, à Marseille, à la personne qui avait été pour ce désignée, le dépôt qui lui avait été confié.

Dieu daigna enfin jeter un regard de bonté sur la France.

Dans ses immuables décrets *les destinées de l'usurpateur s'étaient accomplies, ses droits avaient eu l'inconstance de la victoire; fidèle elle les avait donnés, infidèle elle les avait re-*

*tirés; son favori était tombé au milieu de ses gardes (1), et la France était allée chercher, dans sa retraite, le vrai Roi (2).*

Le drapeau blanc annonçait au monde entier que la France était réconciliée avec le Ciel (3).

Hélas! depuis la funeste époque à laquelle les princes de la famille des Bourbons avaient quitté le palais de leurs pères, combien d'illustres victimes avaient péri, les unes sous le fer, par le poison des bourreaux et par le plomb des satellites du despotisme (4), les autres dans l'exil.

Parmi ces derniers se trouvaient Mesdames Adélaïde et Victoire de France, qui d'abord étaient allées chercher un asile dans la capitale du monde chrétien, et qui ensuite, après l'invasion de Rome

---

(1) Transivi et jàm non erat.

(2) M de Chateaubriand. Mémoires touchant la vie et la mort de Mgr. le duc de Berry, 1ʳᵉ partie, liv. 8, page 133 et 134.

(3) Arcum meum ponam in nubibus et erit signum fœderis inter me et inter terram. (*Genèse, chap* 9, *verset* 13.)

(4) A Dieu ne plaise que nous imputions à l'armée française la moindre participation à l'assasinat de M. le Duc d'Enghien. « Nous savons, comme l'a fort bien dit M. le comte de Mestre, « ( Soirées de St.-Pétersbourg, 7ᵐᵉ soirée, tom. 2, page 25 ), que « le spectacle épouvantable du carnage n'endurcit point le vérita- « ble guerrier, qu'au milieu du sang qu'il fait couler, il est humain « comme l'épouse est chaste dans les transports de l'amour. Dès « qu'il a remis l'épée dans le fourreau, la sainte humanité re- « prend ses droits, et les sentimens les plus exaltés et les plus « généreux se trouvent chez les militaires. »

par les Français, avaient été se réfugier à Trieste,
où elles étaient mortes, la première en 1799, la
seconde en 1800.

A son retour en France, Sa Majesté Louis XVIII
réclama, auprès de la cour de Vienne, les dépouilles mortelles de ces illustres princesses.

La frégate *la Fleur-de-lis* fut, dans le mois de
novembre 1814, envoyée à Trieste pour y charger
ce précieux dépôt, que le Roi confia à la surveillance et aux soins de M. l'abbé de la Tour,
fils de l'ancien premier président du parlement de
Provence, aumônier de Mesdames, pendant leur
exil, et nommé en 1789 à l'évêché de Moulins.

La frégate la Fleur-de-lis aborda à Toulon le
20 décembre 1814.

Le lendemain, un superbe catafalque fut dressé,
sur une des embarcations de cette frégate, et les
corps de Mesdames y furent déposés.

A leur débarquement au quai de Toulon, les
corps furent placés sur un char funèbre, traîné
par six chevaux blancs, drapés en noir, et furent
ainsi transportés, processionnellement, jusques à
l'église majeure de Notre-Dame, accompagnés du
clergé de la ville, des fonctionnaires civils et militaires, des troupes de la garnison qui bordaient
la haie, des hôpitaux, et d'un concours prodigieux
de fidèles invités, ou qui s'étaient rendus volontai-
rement à la cérémonie.

N'en doutons pas, Dieu voulut, par ce convoi expiatoire, procurer à ces nobles victimes de la plus indigne persécution, même après leur mort, la réparation publique des outrages, dont quelques administrateurs, trop dignes hélas ! du gouvernement qu'ils représentaient, et leurs séditieux agens avaient, pour ainsi dire, abreuvé Mesdames à leur sortie de la France.

Sa main puissante conduit les hommes par une voie invisible à réparer le mal qu'ils ont fait, par les moyens même qui leur ont servi à le commettre.

« Il appelle, a dit un pieux écrivain (1), il ap-
« pelle les tyrans, les verges de sa fureur, qu'il jette
« au feu, après s'en être servi pour punir et corriger
« ses enfans.

« Le péché est le seul mal qu'il ne veut point,
« mais il en veut les suites, il condamne l'envie des
« frères de Joseph, mais il en veut l'effet qui est
« la servitude de Joseph ; il a horreur de la fureur
« des Juifs, mais il veut et ordonne la mort de son
« Fils qui en est la suite. »

Ainsi Dieu a renfermé dans sa main, comme dans un coffre inaccessible aux efforts et à la recherche des malveillans, et le testament du Roi martyr et la lettre admirable de la plus vertueuse

---

(1) Réflexions chrétiennes pour tous les jours de l'année, par le père Nepveu ; 27 février, tom. 1, page 212.

comme de la plus infortunée des Reines, pour être, chaque année, les 21 janvier et 16 octobre, présentés aux fidèles assemblés, comme la seule oraison funèbre, qui pût, dignement, préconiser les vertus, vraiment surnaturelles, de ces illustres victimes.

Ainsi les auteurs de la mort du noble rejeton de la famille des Condés, poussés sans doute par une main invisible, tant ils avaient d'intérêt à garder le silence, sont venus dévoiler, eux-mêmes, à la France et au monde entier, leur honte et leurs inutiles remords.

Ainsi les coryphées de notre sanglante révolution consignent, chaque jour, dans des mémoires par eux rédigés, et leurs méfaits et leur turpitude.

Ainsi c'est à Toulon, c'est dans cette ville, où pendant nos troubles politiques, l'étoile tutélaire de la légitimité a brillé un moment, *et sous la protection des remparts de laquelle une faible tige de lis vint renaître et s'élever au tems du régicide* (1), lorsque depuis, dans cette même enceinte, le vandalisme révolutionnaire a poussé si loin ses abominables excès, et multiplié ses victimes, que viendront aborder, avec tout l'éclat

---

(1) Réquisitoire de M. le Procureur-général près la Cour royale d'Aix, dans la trop célèbre affaire de la conspiration du nommé Vallé.

4

dû au rang qu'elles ont occupé dans ce monde les corps de Mesdames Adélaïde et Victoire, au retour de leur exil.

C'est la frégate *la Fleur de lis* qui sera chargée du transport de ces ossemens;

C'est le 21 janvier, jour consacré, à jamais, à la réparation solennelle du plus grand crime enfanté par la révolution, que ces ossemens seront déposés dans les tombeaux de Saint-Denis.

Le prêtre, qui fut le consolateur de Mesdames dans la terre d'exil, et qui imprima, sur leurs ames, le sceau de la bienheureuse immortalité, sera aussi celui qui ramènera leurs restes dans leur dernière résidence.

C'est lui qui présentera leurs dépouilles mortelles à la première église de la France, et y sollicitera pour elles les prières des chrétiens demeurés ou retournés fidèles à leur Dieu et à leur Roi (1).

Placé à la tête du clergé de Toulon, au nom des membres de ce clergé et des fidèles de la ville, M. Vigne répondit à ce pieux appel, dans les termes suivans, au moment où il eut l'honneur de

---

(1) O altitudo divitiarum sapientiæ et scientiæ Dei! quàm incomprehensibilia sunt judicia ejus, et investigabiles viæ ejus! (*Epître de St.-Paul aux Romains, chap.* 11, *verset* 33.)

M. l'abbé de la Tour mourut peu de tems après le transport des corps de Mesdames à St.-Denis. Il avait accompli sa destinée.

recevoir les corps de Mesdames, à la porte de l'église de Notre-Dame.

« Comment, dit-il, ne pas acquitter ce tribut de « nos regrets et de nos larmes à deux anges de « paix, qui embaumèrent, par leurs vertus, pendant « plus de quarante ans, la Cour de Versailles et le « château de Belle-vue.

« La piété la plus tendre, le recueillement le « mieux soutenu, les exemples les plus édifians « consacrèrent leurs premières années.

« L'esprit de sagesse, de conseil, de charité et « de prières sanctifia le cours de leur vie, toute « vouée aux bonnes œuvres, et ce qui en couronna « le mérite ce fut la science des souffrances.

« Telle est donc la destinée de la vertu sur la « terre, en butte à la persécution, il faut qu'elle « s'épure au creuzet des tribulations et des sacrifices. « Mesdames, dont les cendres reposent sur ce lu- « gubre char, en fournissent une nouvelle preuve.

« Je laisse à l'orateur qui va bientôt faire leur « éloge funèbre, le soin de mettre nos regrets en « mesure de la perte que la France a faite par la « mort des augustes princesses que nous pleurons.

« Pour vous, Monseigneur, qui fûtes si long- « tems le témoin de leurs vertus, l'admirateur de « leurs mérites, le dépositaire de leurs peines, le « confident de leurs ames abreuvées d'amertume, « leur consolateur, leur appui, si j'ose le dire,

« leur ami, et qui, à tant de titres, joignites celui
« d'être le premier aumônier de Madame Victoire
« et l'honneur d'avoir recueilli ses derniers soupirs;

« Vous qui remplissez, si dignement, la tâche
« honorable et douloureuse que vous a donné le
« souverain le plus religieux, recevez ici l'hom-
« mage de notre dévouement à seconder votre
« pieuse vigilance pour ces vénérables dépouilles,
« et l'assurance qu'il leur sera rendu, dans cette
« église, par le pasteur, le clergé et les ouailles les
« honneurs dûs à leur rang, à leur mémoire, à
« leurs vertus.

« Tous les jours, pendant que nous aurons le
« bonheur de posséder ce précieux dépôt, nous of-
« frirons à Dieu la victime sans tâche pour leur
« admission dans le sein de sa miséricorde. Tous
« les jours, nous élèverons, vers le trône de l'Eternel,
« nos supplications et nos prières pour le repos de
« leurs ames.

« Puisse ce tribut de notre vénération pour
« elles, et de notre attachement pour le Roi, dont
« les sentimens commandent, si éloquemment ici,
« le concours de la religion, vous être, Monsei-
« gneur, le garant de notre respect, de notre zèle,
« à répondre à vos intentions religieuses pour le
« dépôt sacré, que vous confiez à notre sollicitude.»

Après ce discours qui, ainsi que l'on devait s'y
attendre, excita dans l'ame des auditeurs les plus

fortes et les plus douces émotions, les corps de Mesdames, introduits dans l'église, ornée de tentures analogues à la circonstance, furent placés sur deux estrades dressées dans la grande nef et surmontées de deux baldaquins.

La messe fut célébrée par M. l'évêque de Moulins; et, immédiatement après, les corps furent déposés dans une des chapelles de l'église, transformée en chapelle ardente, pour y demeurer jusques à l'arrivée des ordres du Roi pour leur translation dans les tombeaux de Saint-Denis.

Il fut dressé procès-verbal de cette cérémonie, aux détails et à la pompe de laquelle M. Vigne avait mis tant de soin, et c'est dans cet acte, que nous avons puisé textuellement notre récit.

La dette du sujet, envers les membres de la famille royale et envers le Roi lui-même, était acquittée;

Mais la religion réclamait et commandait des prières (1).

M. Vigne en avait pris l'engagement formel, il l'accomplit en entier, et en rendit compte à M. l'évêque de Moulins en ces termes:

---

(1) Sancta et salutaris cogitatio est pro defunctis orare, ut à peccatis solventur. (*Livre des Machabées.*)

Nolumus autem vos ignorare fratres de dormientibus, ut non contristemini, sicut et cæteri qui spem non habent. (*1re épître de St.-Paul aux Thessaloniciens. Chap. 4, verset 12.*)

« Le dépôt des dépouilles mortelles de Mesdames
« Adélaïde et Victoire de France, que vous aviez
« commis à ma surveillance, a été l'objet constant
« de ma sollicitude.

« Je crois pouvoir assurer à votre Grandeur, que
« je n'ai rien négligé pour justifier, sur ce point,
« sa confiance.

« Un tribut de respect, de vénération et de prières
« a été tous les jours acquitté envers ces Princesses,
« non seulement par le clergé, mais encore par les
« fidèles de Toulon invités, par le son de la cloche
« de cette église, à venir assister à la messe célé-
« brée chaque jour dans la chapelle où les corps
« ont été déposés.

« Vous auriez été édifié du concours et de la
« piété des assistans.

« Le pseaume, consacré à la mémoire des morts,
« récité, alternativement, par les prêtres et les
« fidèles, a toujours terminé cet acte religieux.

« D'un autre côté, réuni à cinq heures du soir,
« le clergé de mon église a offert, chaque jour à
« Dieu, l'hommage de ses supplications, pour les
« ames de ces augustes défuntes, en psalmodiant
« un nocturne et les laudes de l'office des morts.

« Si le Dieu de miséricorde a exaucé nos prières,
« nul doute que Mesdames ne partagent son bon-
« heur et sa gloire.»

Les ordres du Roi, pour la translation des dépouilles mortelles de Mesdames, n'étaient point encore arrivés, lorsque le vingt mars vint arborer, en France, le drapeau de la révolte, et la bannière de la trahison et de l'anarchie.

« A cette époque, si fatale aux vivans, a dit, « dans le tems, un journaliste estimable (1), on « craignait même pour les morts, » et surtout pour ceux, qui appartenaient à cette race auguste que les révoltés voulaient à jamais bannir du sol français, et dont ils avaient, par le serment le plus insensé, comme le plus impie, juré la destruction (2).

On connaît la noble et courageuse résistance des villes du midi, surtout de celles de Marseille, Aix et Toulon, aussi furent-elles traitées, par les chefs de la rebellion, nous ne dirons pas seulement comme pays conquis, mais comme des villes prises d'assaut, tant le droit des gens y fut peu respecté.

Le jour auquel le drapeau tricolor fut arboré à Toulon, une soldatesque effrénée se répandit dans les rues, et renouvela des scènes dignes du régime de la terreur, sous prétexte de forcer les citoyens à proférer le cri de vive l'empereur.

---

(1) Journal des amis de la religion et du roi, du mercredi 19 février 1817.

(2) Articles additionnels à la prétendue constitution de l'empire, article 67.

Marseille fut affligée des mêmes excès, dans la journée du 26 mai 1815.

Hélas! à quels dangers ne se trouvaient pas exposées les dépouilles mortelles de Mesdames, déposées, comme nous l'avons dit plus haut, dans une chapelle ouverte au public, et en butte aux profanations et aux insultes de gens, qui peut-être n'avaient jamais connu, et qui, certainement, étaient alors hors d'état d'apprécier le respect dû aux morts et aux lieux saints.

M. Vigne va nous apprendre, lui - même, à quelles angoisses son ame fut exposée, dans ce jour de douleur, et les précautions qu'il prit pour la conservation du dépôt qui lui était confié.

« Le 11 avril 1815, » dit-il dans une narration autographe que nous copions littéralement, « le 11 « avril 1815, jour auquel le signal de la révolte « contre l'autorité légitime fut arboré à Toulon, « et auquel l'épouvante fut portée dans tous les « cœurs royalistes, par les menaces et les vocifé- « rations d'une soldatesque effrénée, courant les « rues avec des sabres nus, je compris tout le dan- « ger que courait le dépôt sacré qui m'avait été « confié; mais ne pouvant agir, à la vue du public, « pendant le jour, j'écrivis au *nouveau maire* pour « lui exposer mon embarras, et lui demander de « quadrupler la garde placée à la barrière de la cha- « pelle qui renfermait le dépôt, et d'établir un même

« piquet sur la place, pour parer à tout événement.

« Le maire renforça la garde seulement, et laissa
« à ma prudence le soin de mettre ces précieux
« restes en sureté.

« Je vis heureusement arriver la fin de ce mal-
« heureux jour, je fis fermer les portes de l'église
« de meilleure heure, je renvoyai la garde, et, à
« force de recherches, je trouvai un endroit atte-
« nant à l'église, sans en faire partie, et assez spa-
« cieux pour y renfermer les deux cercueils.

« Je m'assurai de plusieurs porte-faix et de plu-
« sieurs menuisiers religieux et pensant bien, et,
« avec leur secours, je fis transporter les deux cer-
« cueils dans leur nouveau réduit, que j'eus la
« précaution de fermer à clef.

« Je fis encore démonter, pièce à pièce, le ca-
« tafalque qui les renfermait.

« Bientôt, les boiseries du catafalque, les ten-
« tures de la chapelle et tous les emblêmes et
« ornemens qui la décoraient furent enlevés et mis
« en lieu de sureté.

« Le lendemain matin, il ne resta aucune
« trace, dans cette chapelle, de ce qu'il y avait la
« veille.

« Je recommandai aux braves gens qui m'avaient
« servi dans cette opération, le plus profond
« secret.

« Ils l'ont gardé, et mon dépôt a été à l'abri de

« toute insulte, de toute profanation, pendant
« quatre mois et douze jours, que Toulon a été
« agité par les manœuvres des malveillans. »

Un pareil acte de sagesse et de dévouement
devait, naturellement, déplaire aux satellites du
gouvernement des cent jours, leur proie leur
était échappée, mais celui qui l'avait soustraite à
leur homicide projet, était encore sous leurs mains.

M. Vigne fut menacé de la perte de sa liberté,
et, peut-être, ce premier acte de vengeance aurait
été suivi d'un traitement plus rigoureux, et non
moins injuste.

Notre honorable ami en fut, heureusement,
avisé à tems, il se sépara, non sans beaucoup de
peine, de son troupeau et quitta sa résidence; mais
il ne perdit jamais de vue, quoique éloigné de
Toulon, le précieux dépôt confié à ses soins.

Du fond de sa retraite, et dès que le drapeau
de la légitimité flotta, de nouveau, sur le sommet
de la tour et des forts de Toulon, avant même
qu'il put rentrer dans la ville, M. Vigne donna à
ses vicaires l'ordre de rétablir les cercueils, dans
la chapelle qui leur était destinée, et de reprendre
les pieux exercices, que les désordres, produits
par les cent jours, avaient forcé d'interrompre.

Cette translation eut lieu le 23 août 1815, à
huit heures du soir, en présence des prêtres et des
fabriciens de la paroisse de Notre-Dame et du preux

chevalier, alors commandant en chef l'armée royale à Toulon, et que depuis Sa Majesté Louis XVIII a spontanément choisi, pour ainsi dire, entre tous, pour lui confier le gouvernement de sa résidence et la garde de sa personne (1).

L'identité des cercueils fut reconnue et constatée par ceux-là mêmes qui les avaient déposé dans le lieu où ils avaient été momentanément renfermés, et il fut dressé procès-verbal de cette seconde translation.

Dès le lendemain, la messe fut célébrée dans la même chapelle, décorée des mêmes ornemens, les exercices religieux furent repris et continués avec la même exactitude, jusques aux premiers jours du mois de janvier 1817, époque à laquelle M. l'évêque de Moulins fut, de nouveau, envoyé, par le Roi, à Toulon, pour venir y prendre, et pour faire transporter ces précieux restes, dans les tombeaux de Saint-Denis.

Deux prêtres furent désignés, par la même ordonnance, pour accompagner M. l'évêque de Moulins, dans ce pieux voyage.

L'un était M. l'abbé de Richery, ancien chanoine de la métropole d'Aix, aujourd'hui évêque de

---

(1) M. le comte de Lardenoy, lieutenant-général des armées du Roi, grand'croix de l'ordre royal et militaire de St.-Louis, gouverneur du château des Tuileries.

Fréjus; toujours si recommandable par la piété la plus éclairée autant que la plus aimable, qui, dans les nouvelles fonctions que la Providence lui a confiées pour le bonheur des fidèles soumis à sa direction, se fait remarquer par une administration vraiment paternelle, par le zèle véritable de la maison de Dieu, par le choix, le plus heureux et le mieux entendu, des collaborateurs les plus respectables, et qui, à l'exemple de notre divin maître, dont il est le parfait disciple, peut dire à ses diocésains : *apprenez de moi, comment il faut être doux et humble de cœur.*

L'autre prêtre, désigné par Sa Majesté, était M. Vigne.

En lui annonçant sa nomination M. l'évêque de Moulins lui témoigna la satisfaction qu'il en éprouvait, dans les termes les plus honorables.

« Je suis très-aise, » disait-il dans sa lettre à M. Vigne, du 18 décembre 1816, « je suis très-aise « d'avoir cette occasion de vous revoir et de faire « ce voyage avec vous, *il vous était bien dû à* « *tous égards, d'être chargé avec moi, de cette* « *honorable mission.* »

Une relation de ce voyage fut donnée dans le journal de la religion et du roi, que nous avons déjà cité ; nous nous faisons un devoir autant qu'un plaisir de la transcrire ici littéralement.

« Toutes les autorités de la ville ( de Toulon )

« s'étaient rendues à l'église de Notre-Dame, et il
« y fut célébré un service pour les Princesses.

« Après qu'on leur eut rendu tous les honneurs,
« le convoi partit de la ville. M. l'abbé de la Tour,
« (nommé à l'évêché de Moulins) MM. de Ri-
« chery et Vigne occupaient une voiture, et les
« cercueils étaient placés dans une autre.

« Le voyage se fit en quatorze jours, les lieux
« de coucher étaient Marseille, Aix, Orgon,
« Orange, Montelimart, Valence, Vienne, Lyon,
« Roanne, Moulins, la Charité-sur-Loire, Mon-
« targis, Fontainebleau et Saint-Denis.

« A chacune de ces villes, les corps étaient reçus
« par le clergé, et transportés à l'église, où l'on
« faisait une absoute.

« Le lendemain, avant le départ, on disait une
« messe de morts.

« Nous avons sous les yeux une relation de ce
« qui s'est passé à Orange le dix janvier ; les corps
« y furent reçus avec pompe ; l'église était tendue
« de noir, et les ecclésiastiques de la ville se re-
« levèrent d'heure à heure, la nuit, pour veiller
« auprès des cercueils ; on fit une distribution aux
« pauvres, et le curé d'Orange, M. l'abbé Millet,
« n'omit rien pour rendre à des Princesses, tantes
« de Sa Majesté, les honneurs dus à leur mémoire.

« A chaque ville, il fut donné au curé, par ordre
« du Roi, deux cents francs pour les pauvres.

« C'est au milieu de ces actes de piété et de
« charité que s'est passé le voyage.

« Les corps sont arrivés à Saint-Denis le vingt
« janvier, et ont été déposés dans les caveaux de
« l'église (1).

« Ainsi a été terminée l'honorable mission des
« ecclésiastiques chargés d'accompagner le convoi;
« et M. l'abbé Vigne peut se féliciter du succès
« avec lequel il a gardé ces précieux restes; des
« honneurs religieux qu'il leur a fait rendre cons-
« tamment, pendant deux ans; et surtout, du zèle
« avec lequel il les a soustraits aux recherches des
« hommes des cent jours, sans se laisser effrayer
« par les risques que lui faisait courir cet acte de
« dévouement. »

Sa Majesté daigna en agréer l'hommage, et le
récompenser de plusieurs manières.

D'abord, par une ordonnance, en date du 26
février 1817, le Roi accorda à M. Vigne une pen-
sion annuelle de *trois cents francs.*

En lui transmettant l'ampliation de cette ordonnance, M. le vicomte Lainé, alors ministre de
l'intérieur, annonçait à notre honorable ami l'ad-

---

(1) Il conste, par une relation officielle que nous avons eu sous
les yeux, que le dépôt des cercueils dans les tombeaux de Saint-
Denis, a été effectué le lendemain de leur arrivée, c'est-à-dire
le 21 janvier jour de douloureuse mémoire.

dition d'une gratification de *trois cents francs*, pour chacun des vicaires de la paroisse de Notre-Dame, et de *cent francs*, pour chacun des ouvriers qui avaient travaillé au transport des cercueils, dans le lieu où ils avaient été déposés pendant les cent jours.

Monseigneur le ministre de l'intérieur terminait ainsi sa lettre :

« Sa Majesté me charge en outre de vous témoi-« gner sa satisfaction; vous serez, M. le curé, « auprès de messieurs les vicaires, le meilleur in-« termédiaire de cette marque de bienveillance ; « *je m'estime heureux d'avoir à vous féliciter* « *de la pieuse fidélité, dont vous avez donné* « *l'exemple.* »

Sa Majesté ne borna pas là ses bienfaits; le 19 avril 1818, elle fit adresser, à M. Vigne, un ciboire en argent, richement ciselé, et une tabatière ornée des portraits de Mesdames Adélaïde et Victoire.

« Lorsque Dieu forma le cœur de l'homme, » a dit l'éloquent évêque de Meaux (1), « il y mit « premièrement la bonté, comme le propre carac-« tère de la nature divine, pour être comme la « marque de cette main bienfaisante, dont nous « sortons.

« La délicatesse, » disait à son tour une femme

_______________

(1) Oraison funèbre du grand Condé.

( 40 )

célèbre (1), « aperçoit tout en un clin d'œil, elle
« est une lumière de l'ame. »

Et dans quelles ames, plus que dans celles des
Princes de l'auguste famille des Bourbons, la Providence a-t-elle empreint la délicatesse et la bonté,
en traits plus nobles et plus profonds ?

Comment ne pas remarquer tout ce que l'envoi
des portraits de Mesdames avait d'honorable et de
consolant pour M. Vigne ?

Ces portraits, que, sans ostentation et sans blesser
aucun amour-propre, M. Vigne pouvait constamment porter sur lui, retraçaient, à son esprit, presque à chaque instant du jour, le souvenir de son
noble dévouement, des personnages augustes qui
en avaient été l'objet, du prix que Sa Majesté
avait daigné y attacher.

Le souverain Pontife joignit aussi le témoignage
de sa satisfaction personnelle, à ceux que M. Vigne
avait reçus du Roi très-chrétien.

Par décision du mois d'avril 1817, insérée dans
le journal officiel de Rome, M. Vigne fut nommé
Camérier secret de sa Sainteté.

Cette dignité, qui peut être assimilée à celle de
chambellan, confère, à celui qui en est revêtu, le
titre de *Monseigneur*, le droit de porter le même
costume que les évêques, à l'exception de la croix

---

(1) Histoire de Jeanne de France par M^me de Genlis.

pectorale, et celui d'accompagner sa Sainteté dans toutes ses fonctions (1).

Enfin deux certificats l'un sous la date du 5 janvier 1817, l'autre sous la date du 7 avril 1818, furent adressés, à M. Vigne, par messieurs les vicaires-généraux des diocèses d'Aix et d'Arles le siége vacant.

Nous nous bornerons à transcrire le premier.

« Nous vicaires-généraux capitulaires, etc.

« Attestons que M. l'abbé Vigne, archidiacre « de l'église cathédrale de la Major, avant la révo- « lution, actuellement chanoine honoraire de l'église « métropolitaine d'Aix; provicaire général de l'ar- « rondissement de Toulon et curé de la paroisse « Notre-Dame dans la même ville, est un des prêtres « les plus distingués de ce diocèse, par sa régula- « rité, ses lumières et sa sagesse; qu'il s'est tou- « jours comporté, avec une rare prudence, dans « des circonstances extrêmement difficiles, où il « s'est trouvé, en qualité de premier curé et pro- « vicaire général à Toulon.

« Feu Monseigneur de Cicé, d'heureuse mémoire, « dernier archevêque de ce diocèse, instruit de la « conduite courageuse et pleine de dévouement, « que M. l'abbé Vigne avait tenue dans le tems de

______

(1) M. Vigne a été assez modeste pour ne point porter la sou-tane violette même à Rome.

« persécution, appréciant, d'ailleurs, avec sa pers-
« picacité naturelle, le mérite de M. Vigne, *lui*
« *donna toute sa confiance*, et il n'a cessé de
« lui témoigner, jusqu'à la mort, une bienveillance
« particulière.

« Nous ne pouvons rendre ici hommage à tous
« les actes de vertu, par lesquels M. Vigne s'est
« si souvent fait remarquer; mais, c'est avec une
« entière satisfaction, que nous lui donnons ce
« témoignage authentique de notre estime et de
« notre considération distinguée.

« En foi de quoi nous avons signé, à Aix, le
« cinq janvier 1817. Signés: Guigou et Beylot. »

M. Vigne partit pour Rome dans les premiers
mois de l'année 1818, il y séjourna plusieurs mois,
honoré de la bienveillance du Saint Père et de l'affection de plusieurs membres du sacré collége,
entre autres de S. Em. le cardinal Scotti, avec
lequel il était lié de la plus étroite amitié.

Tant de témoignages d'estime de la part des
supérieurs ecclésiastiques, des familles les plus
distinguées de Marseille et de Toulon, et des fonctionnaires civils et militaires de cette dernière
ville, ne firent jamais perdre à M. Vigne le ton
modeste et l'humble maintien qui sont le caractère
du parfait chrétien (1).

---

(1) Amen dico vobis : quicunque non acceperit regnum Dei si-

C'est dans cet état de prospérité temporelle, c'est lorsqu'il n'avait plus qu'à recueillir les fruits de tant de peines et de travaux, que pour la troisième fois, Dieu voulut apprendre à son ministre combien il fallait peu compter sur les choses d'ici-bas (1).

Vers la fin de l'année 1819, M. Vigne fut atteint d'une première attaque d'apoplexie, qui, si elle ne produisit pas à l'instant même tout l'effet qui est le résultat ordinaire de cette maladie, laissa cependant, à sa suite, des infirmités, qui bientôt obligèrent M. Vigne à cesser tout service, et à venir se reposer à Marseille, dans l'intimité d'un petit nombre d'amis choisis, qu'il y avait laissés, lors de son départ pour Toulon.

M. de Bausset, nommé en 1808, évêque de Vannes, fut, aussi en 1819, promu au siége archiépiscopal d'Aix sa patrie.

Avant sa nomination à l'évêché de Vannes, et pendant qu'il était vicaire-général de M. de Cicé, M. de Bausset avait été à même de connaître M. Vigne, et d'apprécier ses excellentes qualités (2).

---

cut puer, non intrabit in illud. (*St.-Luc*, *chap.* 18, *verset* 17.)

Cogitas magnam fabricam construere celsitudinis, de fundamento prius cogita humilitatis. (*Saint-Augustin*, *S.* 10°.)

(1) Utinam saperent et intelligerent, ac novissima providerent ! (*Deut.*, *chap.* 32, *vers.* 29.)

(2) M. Vigne fut un des prêtres qui assistèrent M. l'évêque de Vannes au premier office pontifical qu'il célébra dans l'église métropolitaine d'Aix, immédiatement après son sacre.

Ces deux cœurs faits l'un pour l'autre devaient s'entendre dès le premier abord.

Aussi M. de Bausset accorda-t-il à **M.** Vigne toute sa confiance ; et ce sentiment de prédilection, auquel notre honorable ami attachait tant de prix, ne s'est jamais démenti un seul instant, et a suivi **M.** Vigne au-delà du tombeau.

Malgré les infirmités, qui lui laissaient peu de relâche, et exigeaient des remèdes suivis et presque journaliers, **M.** Vigne ne pouvait renoncer tout-à-fait à son troupeau de Toulon, et il mettait à profit jusqu'aux plus courts intervalles de repos, pour aller le visiter.

C'est à cette époque, qu'ainsi que nous l'avons dit déjà, eut lieu, à Toulon, la mission dirigée par M. l'abbé de Rosan, et à laquelle **M.** Vigne vint se joindre, soit pour procurer, aux saints prêtres qui en étaient chargés, les secours temporels qui pouvaient concourir au succès de leurs travaux, les accompagner dans les visites qu'ils avaient à faire aux divers fonctionnaires publics de la ville qu'ils allaient évangéliser ; soit et mieux encore pour répandre les grâces du Seigneur, sur cette terre chérie, qu'il avait déjà si bien préparée.

Dans le mois d'octobre suivant, la ville et le diocèse de Marseille perdirent M. l'abbé Martin, ancien prévôt du chapitre de la Major, vicaire général du diocèse d'Aix et presque exclusivement chargé de la direction de celui de Marseille, depuis le concordat de 1801.

M. l'abbé Martin mourut, entouré de l'estime publique, qu'il méritait par sa haute piété, par son érudition, autant que par la famille à laquelle il appartenait.

La voix de Dieu, qui, quelquefois, se manifeste par celle du peuple, désignait M. Vigne comme devant être le successeur de M. Martin.

Telle fut aussi la pensée de M. l'archevêque d'Aix, et c'est sur sa présentation spontanée, que, par ordonnance de Sa Majesté, en date du 17 décembre 1820, M. Vigne fut nommé vicaire-général des diocèses d'Aix et d'Arles.

Loin de solliciter cette faveur, il l'aurait certainement refusée, s'il n'eût consulté que son goût pour la retraite, et s'il eût fait plus d'attention aux soins qu'exigeait le délabrement de sa santé.

Mais comme le saint évêque de Tours, il accepta ce nouveau travail (1).

Dieu le jugeait encore nécessaire à son peuple, et il manifestait sa volonté, par la voix du supérieur immédiat.

M. Vigne se soumit, il prit sur lui tout le fardeau de l'administration du diocèse de Marseille,

______

(1) Domine si adhuc populo sum necessarius non recuso laborem.

aidé seulement d'un jeune ecclésiastique, qu'il choisit pour son secrétaire, et qui certainement méritait bien sa confiance (1) élevé qu'il était à l'école d'un prêtre, auquel les jeunes gens de Marseille et la société, toute entière, doivent tant de reconnaissance.

L'administration de M. Vigne a duré près de trois années, et la notoriété publique atteste qu'il y a déployé toutes les vertus que le grand apôtre a réunies, comme dans un seul cadre, en nous indiquant celles, qui constituent la charité chrétienne.

Ainsi il se montra toujours accessible, toujours prêt à écouter ceux qui venaient réclamer quelque chose de lui, même un service étranger à ses fonctions (2);

Il possédait surtout au plus haut degré ce tact si précieux des convenances sociales, cette aménité, cette politesse aimable qui doublent le bienfait, et font, presque sans regrets, supporter un refus.

Toutes ses démarches étaient sagement combinées, mûrement réfléchies (3);

_______________

(1) M. l'abbé Guien, aujourd'hui professeur de logique au collége royal de Marseille, et l'un des prêtres qui dirigent la congrégation de M. l'abbé Allemand.

(2) *Charitas benigna est, patiens est.* (*Première épître aux Corinthiens, chap.* 14.)

(3) *Non æmulatur, non agit perperàm.*

Il ne compromit point la dignité de son caractère; mais il sut conserver, envers les fonctionnaires publics avec lesquels il avait des rapports journaliers, les égards dus aux magistrats, il paraissait toujours s'oublier lui-même, pour faire ressortir le mérite d'autrui (1);

Il savait que l'homme est fait à l'image de Dieu, aussi ne le supposait-il point vicieux et méchant par nature, et si, quelquefois, il rencontrait sur ses pas les traces et les écarts de la fragilité humaine, il en gémissait devant Dieu; mais sans fiel et sans haine contre ceux qui s'y étaient laissés entraîner (2);

L'innocence injustement accusée trouva toujours en lui un zélé défenseur, un ami chaud et empressé (3);

Il se dirigeait par les grandes vérités que la foi nous enseigne, et il n'attendait sa récompense que des biens éternels, qu'elle nous promet (4);

Aussi comptait-il pour rien les contrariétés et les désagrémens inséparables d'un service public, il ne calculait jamais le danger de trouver des hommes injustes, et le désagrément de faire des ingrats (5).

---

(1) Non inflatur non est ambitiosa non quærit, quæ sua sunt.
(2) Non cogitat malum, non gaudet super iniquitatem.
(3) Congaudet autem veritati.
(4) Omnia credit, omnia sperat.
(5) Omnia suffert, omnia sustinet.

Telle fut la conduite de M. Vigne, et, encore une fois, la notoriété publique atteste la vérité de notre relation.

Le concordat de 1817, dont l'exécution avait été momentanément suspendue, fut publié comme loi du royaume, vers la fin de 1822.

Par lui, le siége épiscopal de Marseille était rétabli.

De grands, de précieux souvenirs se rattachaient à ce rétablissement, et le faisaient considérer comme nécessaire à l'illustration de la ville elle-même.

Il ne fallait rien moins que des motifs aussi puissans, pour déterminer le clergé et le conseil municipal de Marseille à se séparer du pasteur que la Providence leur avait donné, après la mort, et comme le digne successeur de M. de Cicé.

M. de Bausset, et c'est encore ici la notoriété publique qui atteste la vérité de ce fait, que les archives du conseil municipal transmettront à la postérité (1); M. de Bausset a parfaitement se-

___

(1) Les regrets du conseil municipal de Marseille et les titres que M. de Bausset a acquis à la reconnaissance du peuple marseillais, sont consignés dans une délibération prise par ce conseil: en en présentant l'expédition à M. l'archevêque d'Aix, le conseil municipal de Marseille y a joint le don d'un ostensoir en vermeil de la plus grande beauté.

MM. les curés de Marseille ont eu l'honneur de faire agréer, à M. l'archevêque d'Aix, l'offre d'une mitre en or richement brodée.

condé les vues de la Providence, et sa prédilection pour le siége de saint Lazare.

C'est lui qui a réalisé cet adage du livre de la
Sagesse : *il faut écrire la miséricorde sur les
tablettes du cœur* (1).

Revêtu de la plénitude du sacerdoce (2), modèle des vertus propres à ces éminentes fonctions,
pasteur fidèle et père tendre, l'infortune a toujours
trouvé chez lui, et des larmes pour les mêler aux
siennes, et des secours pour soulager ses besoins.

Ame et soutien de tous les établissemens utiles
et religieux, toujours prêt à tous les genres de
sacrifices, M. l'archevêque d'Aix ne consulte jamais que l'étendue du bien que l'on peut faire, ou
du malheur qu'il faut prévenir ou réparer.

Son zèle est tout pour la plus grande gloire de
Dieu.

Il n'est sévère que pour lui, il est toujours in-
dulgent pour les autres.

Il connaît le mérite et sait le distinguer.

Il tend une main secourable et protectrice à
celui qui débute dans la carrière pénible de l'apostolat; il l'encourage, il l'admet à sa table, il l'at-

---

(1) Dissertations de dom Calmet, sur la matière et la forme
des livres anciens. Tome 1, page 20.

(2) Sacerdos et pontifex et virtutum opifex pastor bone in populo.

tache à sa personne, par un sentiment que le tems ne peut plus affaiblir, et devant lequel l'intérèt personnel devient sans influence.

Ainsi nous avons eu raison de dire que le rétablissement du siége de Marseille, les démarches que MM. les curés de cette ville ont faites pour l'obtenir, les sacrifices qu'ils se sont imposés, les dépenses bien plus importantes délibérées par le conseil municipal n'avaient d'autres motifs que ceux que nous venons de leur assigner.

M. de Mazenod, l'un des dignitaires de l'ancien chapitre d'Aix, et vicaire-général de ce diocèse, pendant l'épiscopat de M. de Boisgelin, fut désigné comme devant occuper le siége de Marseille, au moment-même de son rétablissement.

Son nom était recommandable aux Marseillais, par les fonctions ecclésiastiques que son oncle, vicaire-général du diocèse, sous M. de Belloy, avait exercées.

Victime de son attachement et de son zèle pour la religion, M. de Mazenod avait été exilé avec ses deux frères, pendant nos troubles politiques; et c'est au fond de la Sicile que la main de la Providence est allée le chercher, doué qu'il était des vertus qui constituent le bon prêtre et annoncent le bon pasteur, et surtout d'un zèle inépuisable pour le service de la maison de Dieu.

On l'a vu, pendant le tems qui s'est écoulé depuis son arrivée en France, jusques à sa promotion à l'épiscopat, se dévouer, à Aix, dans la maison des missionnaires de Provence, qui lui servait d'asile, dépouillé qu'il était de son patrimoine par la législation révolutionnaire, on l'a vu se dévouer tout entier, avec un zèle nous dirons presque surnaturel, aux fonctions les plus pénibles du sacerdoce, et aux actes les plus consolans de la charité chrétienne; jusques au point de partager, avec les indigens, et ses vêtemens et les alimens nécessaires à sa subsistance, en n'en gardant pour lui que la portion la plus petite, et quelquefois même s'en privant tout-à-fait.

M. de Mazenod arrivait à Marseille, entouré de collaborateurs qui, en 1820, avaient coopéré, avec un zèle non moins remarquable, dans les paroisses de St.-Victor et de St.-Laurent, aux travaux apostoliques et vraiment prodigieux des missionnaires de France.

Loin de contrarier les démarches faites par le clergé de Marseille, pour obtenir de Sa Majesté le rétablissement de ce siége, M. Vigne les facilita autant que la chose pouvait dépendre de lui.

Il y était doublement porté, par l'affection qu'il avait pour la ville elle-même, et par l'ordre très-exprès qu'il en avait reçu de M. l'archevêque d'Aix.

Et ici, comme toujours, il avait fait abnégation de son intérêt personnel.

Dirait-on, dans l'opinion contraire, qu'ancien archidiacre du chapitre de la Major, dépouillé de cette dignité, par le même bouleversement qui avait renversé le siége épiscopal de Marseille, lorsqu'il avait seul survécu à cette destruction, lorsqu'il avait depuis lors rendu tant de services à la religion et au diocèse lui-même, M. Vigne devait s'attendre à reparaître, comme une des pierres fondamentales de l'édifice qui allait être reconstruit; que telle était l'opinion générale dans la cité, et que, c'est surtout dans l'administration de l'église, qu'il faut s'écarter le moins possible des anciens erremens?

Nous convenons que M. Vigne aurait pu concevoir une pareille espérance, que des promesses émanées de personnes très-respectables, changeaient presque en certitude, s'il n'avait raisonné que d'après les données de l'esprit humain.

Mais ce n'est point sur de pareils calculs que sont basés les décrets de la Providence (1).

Dieu dirige les événemens suivant ses immuables desseins, et toujours avec une sagesse infinie (2).

Et s'il fallait absolument assigner une cause à

(1) Quis est iste qui dixit ut fieret Domino non jubente et ex ore Altissimi non egredientur nec bona nec mala. (*Thren. Chap.* 3, *vers.* 38.)

(2) Omnia in sapientiâ fecisti. (*Pseaume* 3, *vers.* 24.)

la circonstance que nous venons d'indiquer, quelque inexplicable qu'elle paraisse, ne pourrions-nous pas dire, qu'après avoir donné aux villes de Marseille et de Toulon, M. Vigne, comme modèle de la conduite d'un prêtre selon son cœur, Dieu crut devoir procurer le même secours à la ville d'Aix, soit comme accroissement des bons prêtres qui y existaient déjà, soit comme encouragement pour ceux qui viendraient s'y établir.

Ne pourrions-nous pas ajouter que l'union intime, qui s'était formée entre M. l'archevêque d'Aix et M. Vigne, était l'ouvrage de Dieu, qui voulut la maintenir et en resserrer les liens.

Notre honorable ami était pénétré de l'attachement le plus tendre pour M. l'archevêque d'Aix, aussi l'avons-nous vu refuser des places éminentes qui lui furent, dans le même tems, offertes dans d'autres diocèses (1).

Il fut joindre, à Aix, le digne prélat, dont la mort seule pouvait le séparer.

Il manifesta, dans cette ville, les mêmes sentimens et la même conduite qui lui avaient concilié tous les cœurs à Toulon et à Marseille. Il y obtint les mêmes succès.

---

(1) Nous assurons personnellement la vérité de ce fait, dont nous avons été, pour ainsi dire, témoin oculaire, les lettres dans lesquelles les offres ci-dessus étaient faites ont été en nos mains.

Pendant le séjour de M. Vigne à Aix, qui dura à-peu-près un an, Dieu, qui avait toujours les yeux fixés sur ce saint prêtre, lui ménagea encore un grand sujet de consolation, dans la nomination de M. Guigou, vicaire-général du diocèse d'Aix et d'Arles, à l'évêché d'Angou'ême, et son sacre, par M. l'archevêque d'Aix, dans l'église métropo-. litaine de cette ville.

Il est des ames privilégiées (et telle était sans contredit celle de M. Vigne), auxquelles un événement, qui n'est pour le commun des hommes qu'un sujet de curiosité, présente un très-grand intérêt; parce qu'elles savent en distinguer les véritables causes, et surtout en calculer les heureux résultats.

M. Vigne reconnut, dans celui que nous citons:

D'abord, la digne récompense des longs et importans services que M. l'abbé Guigou avait, pendant près de vingt ans, rendu à cette même église dans l'enceinte de laquelle Dieu daignait le revêtir du sacerdoce suprême, par les mains d'un vertueux prélat, son protecteur et son appui, en présence de son père, presque octogénaire, au milieu de ses parens, de ses amis les plus dévoués, parmi lesquels M. Vigne tenait le premier rang;

En second lieu, la certitude que l'administration d'un diocèse, que les malheurs des tems avaient hérissée de difficultés, étant confiée en des mains si habiles et si long-tems éprouvées, **on** verrait bientôt se rétablir, dans ce diocèse, et l'expérience l'a bien prouvé, l'unité de croyance, la véritable piété, la charité évangélique, qui forment le caractère distinctif de l'église de Jésus-Christ (1).

Cependant, la maladie de M. Vigne, dont les premiers symptômes l'avaient contraint de cesser son service à Toulon, l'atteignit de nouveau sous une autre forme, mais avec un caractère bien plus grave.

Au commencement de l'automne dernière, elle ne lui permit plus de sortir de son appartement.

« L'homme de bien, a dit saint Jean Clymaque, « est celui qui ne craint pas la mort ; le saint est « celui qui la désire. »

C'est ainsi que M. Vigne vit arriver, avec le calme d'une vie sans reproches, le dernier de ses jours.

Il en prévit l'époque plus prochaine que les gens de l'art, et les personnes qui l'entouraient, ne l'attendaient.

Menacé d'une opération douloureuse et d'un résultat incertain, quoique dirigée par des mains habiles, M. Vigne voulut profiter du peu de forces qui lui restait, et de toute sa présence d'esprit, pour recevoir les derniers sacremens de l'église.

---

(1) Unum corpus et unus spiritus, sicut vocati estis in unâ spe vocationis vestræ. (*Épitre de St. Paul aux Ephésiens*, ch. 4, v. 4.)

Il les demanda lui-même, dans la matinée du
15 novembre dernier, et pouvant encore circuler
dans ses appartemens, il vint jusques à la cage de
l'escalier de sa maison, au-devant du saint viatique
porté par un de ses collégues, il l'accompagna
dans son salon, où avait été dressé un autel pour
cette imposante cérémonie.

La victime sainte et sanctifiante offerte à ses
regards et à ceux des assistans, il se mit à genoux,
et tenant dans ses mains un cierge, emblème de
la foi et de la charité dont il avait toujours été
pénétré, il fit une amende honorable, et se recom-
manda aux prières des fidèles, avec une humilité
si parfaite et avec tant d'onction, que des larmes
abondantes se répandirent dans tous les yeux.

Les siens seuls étaient sereins.

Et que pouvait-il regretter en ce monde, alors
que les portes de la Jérusalem céleste allaient
s'entr'ouvrir pour l'y recevoir (1)?

Qu'avait-il à craindre, lui, soldat de Jésus-Christ,
éprouvé par tant de glorieux combats (2), senti-

---

(1) Quàm dilecta tabernacula tua, Domine virtutum, concupis-
cit et deficit anima mea in atria Domini. (*Ps.* 83, *vers.* 1<sup>er</sup>.)

Ut annuntiem omnes prædicationes tuas in portis filiæ Sion.
(*Ps.* 72, *vers. dernier.*)

(2) Bonum certamen certavi. (*Epître de St.-Paul à Timothée*,
*chap.* 4, *vers.* 7.)

nelle vigilante, qui n'avait jamais laissé profaner le champ du père de famille?

Lui, dont la vie entière avait été consacrée à la pratique des vertus chrétiennes (1)?

Lui, qui, dans le tems des plus violentes persécutions, avait su conserver intact le dépôt précieux de la foi, et la prêcher à ceux vers lesquels la divine Providence l'avait envoyé (2)?

Il n'attendait plus que la récompense de ses travaux.

Il devait l'espérer du juste appréciateur de ses mérites, qui la lui avait préparée et destinée de toute éternité (3).

Aussi Dieu daigna-t-il abréger pour lui le tems des dernières épreuves.

Après l'auguste cérémonie, dont nous avons parlé, M. Vigne éprouva un soulagement sensible des douleurs, qui, jusques à ce moment, l'avaient cruellement fatigué.

---

(1) Cursum consummavi. (*Epître de St.-Paul à Timothée*, ch. 4, *vers*. 7.)

(2) Fidem servavi. (*Epître de St.-Paul à Timothée*, chap. 4, *vers*. 7.)

(3) In reliquo reposita est mihi corona justitiæ, quam reddit mihi Dominus, in illà die justus judex. (*Epître de St.-Paul à Timothée*, chap. 4, *vers*. 7.)

Il resta levé une grande partie de la journée.

Il reçut la visite de M. l'archevêque, celle de M. le procureur-général à la Cour royale d'Aix, qui lui était tendrement attaché, et celle de plusieurs de ses amis.

Vers les quatre heures après midi, il passa dans son cabinet.

M. Combe, chanoine de l'église métropolitaine d'Aix, prêtre vénérable, dont la vie entière a été, comme celle de l'ami dont nous regrettons la perte, un modèle d'édification et de zèle pour la religion, était dans la chambre de M. Vigne, avec une autre personne;

Après quelques momens ils entendent M. Vigne se plaindre et les appeler de son cabinet, où il se trouvait encore.

Ils accourent, ils trouvent notre honorable ami, renversé par une forte contraction nerveuse, qui l'avait frappé de nouveau.

Ils le relèvent, non sans beaucoup de peine, car il ne pouvait se donner lui-même aucun mouvement, et ils le conduisent dans sa chambre à coucher.

Les premiers secours, par eux administrés, étant sans succès, M. Vigne est mis dans son lit, les gens de l'art sont appelés, mais inutilement, le malade avait perdu connaissance et le mouvement de sa poitrine indiquait les signes d'une mort très-prochaine ;

C'est sur ces entrefaites que M. l'abbé Bonnafoux, chanoine honoraire des chapitres d'Aix et de Marseille et recteur de la paroisse de Saint-Laurens, dans cette dernière ville, arriva à Aix auprès de M. Vigne, son compatriote, et son ami depuis longues années.

Il y venait, conduit par cette main invisible, dont l'influence a été par nous si souvent remarquée dans le cours de notre relation ; il y venait, député du clergé de Marseille, pour recevoir les derniers adieux de celui, que tant de liens avaient constamment et si fortement attachés à cette importante cité.

C'est entre ses bras, c'est, encouragé par ses exhortations et consolé par ses prières, que M. Vigne rendit le dernier soupir et s'endormit dans le Seigneur, le même jour quinze novembre, à dix heures du soir.

Son neveu, qui, depuis l'origine de sa maladie, lui prodiguait les secours les plus empressés, ne fut pas à tems à recevoir sa dernière bénédiction.

La nouvelle de la mort de M. Vigne se répandit presque aussitôt dans la ville et dans les diocèses d'Aix, d'Arles, de Marseille et de Toulon, et il n'est, parmi les fidèles, personne, qui n'ait payé, à

la mémoire de ce respectable prêtre, le tribut d'é-
loge et de regrets auquel il avait tant de droit de
prétendre.

M. l'archevêque d'Aix en donna le premier
l'exemple, et par les témoignages publics de la douleur la plus sincère, et par les honneurs qu'il fit
rendre aux dépouilles mortelles de celui qu'il avait
daigné nommer son ami.

Après la messe qui fut chantée, le corps présent,
dans l'église métropolitaine, les restes de M. Vigne,
accompagnés de M. l'archevêque, des chanoines
et des prêtres des diverses paroisses de la ville et
de M. Bonnafoux, qui suivit son ami jusqu'à son
dernier asile, furent transportés dans le cimetière
de Saint-Sauveur où ils reposent en paix.

Un service solennel fut célébré dans l'église
métropolitaine, et successivement dans toutes les
églises des villes et des diocèses d'Aix et de Toulon.

Plusieurs des amis de M. Vigne se sont réunis
à Marseille, pour acquitter envers lui la même
dette.

La messe, qu'ils ont fait célébrer pour le repos
de son ame, a été dite par M. Guien, ancien secrétaire de M. Vigne, dans l'église des Sœurs de
la retraite, dont l'autel avait été décoré par les
soins du directeur de cette sainte maison, qui s'est
estimé heureux, ainsi qu'il l'a dit lui-même, de

rendre, à notre estimable ami, le dernier témoignage de respect et de reconnaissance, dont sa congrégation avait toujours été animée pour lui.

M. Vigne a disposé de ses biens avec beaucoup de sagesse, et de manière à satisfaire, chose assez rare, les héritiers collatéraux appelés à recueillir sa succession.

Parmi les legs pieux, que son testament renferme, on trouve celui fait, à l'église de Notre-Dame à Toulon, du ciboire dont Sa Majesté avait fait don à notre honorable ami.

Après la pratique des plus rares vertus dans ce monde, qui fuit, passe et s'écoule, suivant la belle pensée de Bossuet (1), *comme un jour d'hiver où le matin et le soir se touchent de près*, quel doit être le sort de M. Vigne dans celui qui ne finit jamais.

Ecoutons encore ce que nous disent les livres saints :

« Celui qui saura vaincre sera revêtu d'ornemens « blancs (2) (symbole de la joie céleste), son nom « sera soigneusement conservé dans le livre de

––––––

(1) Sermon pour le dimanche des rameaux.

(2) Homélie de saint Grégoire, pape, sur l'Evangile du saint jour de Pâques.

« vie et par moi proclamé aux pieds du trône de
« mon père, en présence de la cour céleste.

« C'est sur ce trône qu'il viendra s'asseoir avec
« moi, pour participer à ma gloire, comme il a
« partagé mes travaux (1). »

---

(1) Qui vicerit, sic vestietur vestimentis albis; et non delebo
nomen ejus de libro vitæ et confitebor nomen ejus coram patre
meo et coram angelis ejus..... Dabo ei sedere mecum in throno
meo, sicut et ego vici, et sedi cum patre meo, in throno ejus.
(*Apocalypse*, *chap.* 3, *vers.* 5 *et* 21.)

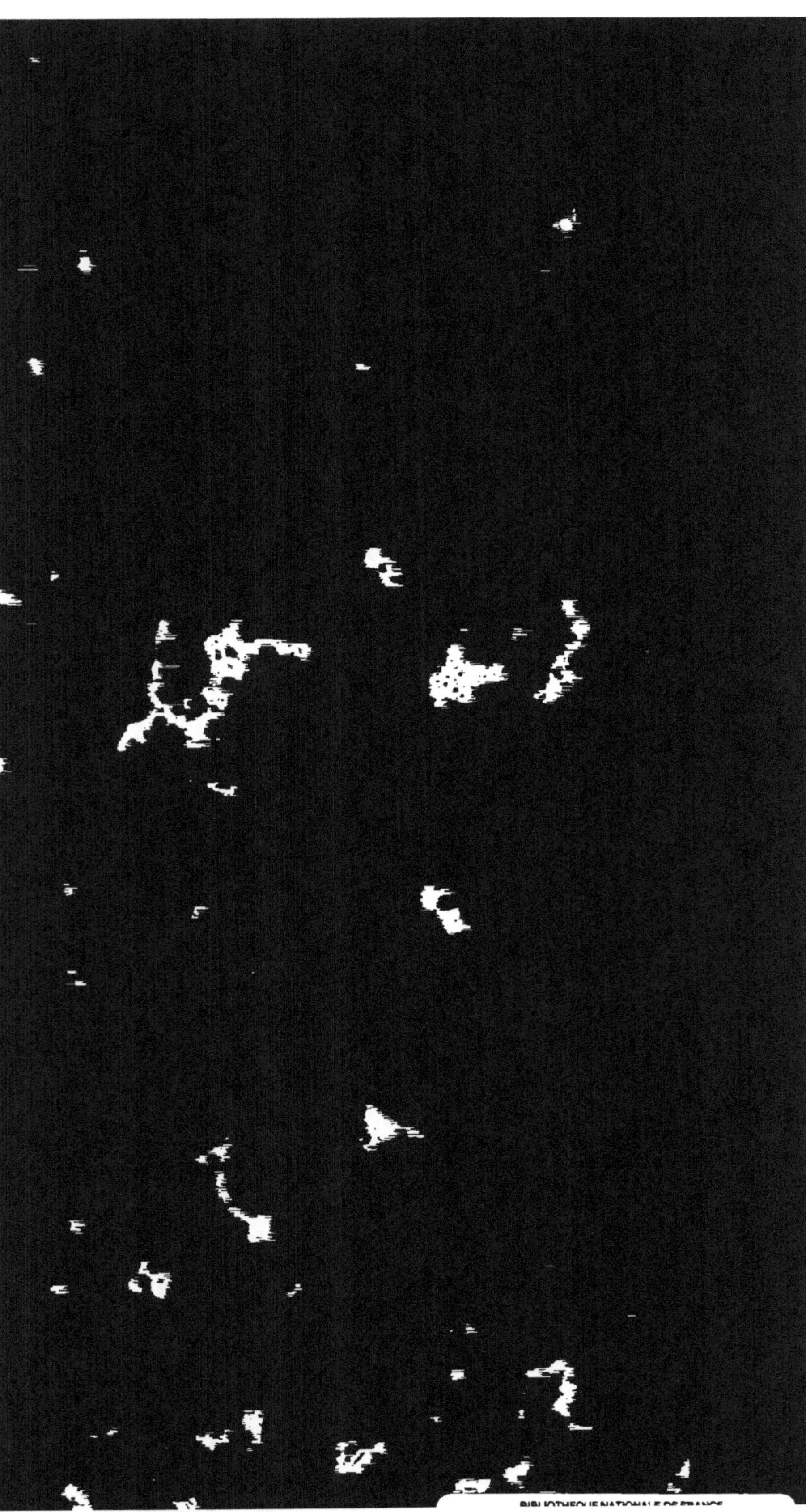
BIBLIOTHEQUE NATIONALE DE FRANCE

www.ingramcontent.com/pod-product-compliance
Lightning Source LLC
Chambersburg PA
CBHW061259060726
47596CB00002B/665